DES RÉSULTATS,

SINON ASSURÉS,

AU MOINS EXTRÊMEMENT PROBABLES,

DES

DISPOSITIONS FINANCIÈRES

DE

M. LE MINISTRE DES FINANCES,

RELATIVES

AU NOUVEL EMPRUNT DE 120 MILLIONS,

SUR RENTES 5 POUR CENT.

PARIS. — IMPRIMERIE DE COSSON,
Rue Saint-Germain-des-Prés, n° 9.

DES RÉSULTATS,

SINON ASSURÉS,

AU MOINS EXTRÊMEMENT PROBABLES,

DES

DISPOSITIONS FINANCIÈRES

DE

M. LE MINISTRE DES FINANCES,

RELATIVES

AU NOUVEL EMPRUNT DE 120 MILLIONS,

SUR RENTES 5 POUR CENT.

PAR ARMAND SÉGUIN,
DE L'INSTITUT.

L'élan est donné : autant en emporte le vent.

PARIS.
AVRIL 1831.

AVANT-PROPOS.

———

Cet écrit est extrait d'un autre qui paraîtra
dans le courant d'avril, et qui a pour titre :

« Des emprunts, comme voies de ressource
» ouvertes par la loi au gouvernement, pour
» lui faciliter le moyen de se procurer partie ou
» totalité, des 3oo millions exigés par le défi-
» cit, et les besoins extraordinaires du budget
» de 1831;

» Et plan précautionnel pour subvenir, en
» cas d'insuffisance d'autres moyens, à ces be-
» soins, sans augmentation de charge pour les
» contribuables, et sans recourir ni à aucune
» vente de bois, ni à la surtaxe de 5o pour o/o
» sur le principal foncier, et de 55 pour o/o sur
» le droit de patente, enfin en réservant, pour
» d'autres circonstances impérieuses, la res-
» source de l'aliénation de nos forêts. »

DES RÉSULTATS,

SINON ASSURÉS,

AU MOINS EXTRÊMEMENT PROBABLES,

DES

DISPOSITIONS FINANCIÈRES

DE

M. LE MINISTRE DES FINANCES,

RELATIVES

AU NOUVEL EMPRUNT DE 120 MILLIONS,

SUR RENTES 5 POUR CENT.

———

Plus de 400 millions de nouveaux besoins sont réclamés par le gouvernement pour faire face, ou pour parer, à l'avance, aux résultats de la position très-difficile dans laquelle nous nous trouvons conduits.

Voici le projet de loi présenté, relativement au nouvel emprunt, par M. le ministre des finances à la chambre des députés, le 29 mars dernier.

PROJET DE LOI.

« En cas de nécessité, le gouvernement est
» autorisé, durant l'intervalle de la session de
» 1831, à porter, par ordonnance supplémen-
» taire et d'urgence, les crédits et moyens qui
» lui ont été accordés à une nouvelle somme
» de 100 millions, laquelle pourra être réalisée
» par voie de contributions ou d'emprunts en
» rentes. La contribution extraordinaire, si elle
» a lieu, sera obligatoire en vertu d'une ordon-
» nance du roi. »

Les chambres ont prononcé sur cet objet. Il faut donc se soumettre et exécuter avec déférence. Toute réflexion à cet égard serait superflue, même dangereuse. Mais comme les dommages qui en résulteront peuvent considérablement s'accroître par le choix des directions susceptibles d'atteindre le but, on remplit son devoir (du moins telle est mon opinion) en approfondissant ces directions. C'est ce à quoi j'ai voulu ici me borner. Puissent mes conclusions éveiller sérieusement l'attention du ministère, des chambres et du public!

On ne peut pas encore savoir au juste quel sera le prix d'adjudication de l'emprunt projeté sur des 5 pour cent, à l'effet de se procurer les 120 millions que réclame M. le ministre des finances.

On s'accorde cependant généralement à dire qu'elle aura lieu dans des prix très-rapprochés de 75 fr. pour 5 fr.

A tout hasard on ne risque donc pas beaucoup, sans doute, de s'éloigner de la réalité, en s'arrêtant à cette présomption, aujourd'hui surtout que le cours des 5 pour cent est de 78 fr. pour 5 fr. Fixons donc, comme prévision, ce taux d'adjudication à 75 fr. pour 5 fr.

Par suite de cette création, voici les données et les résultats, sinon assurés, au moins très-probables de l'emprunt.

Encaissement de l'emprunt.

120,000,000 fr.

Arrérages de l'emprunt.

8,000,000. fr.

Taux d'extinction.

On peut regarder comme assez probable, au moins comme possible, que cette valeur sera éteinte à un prix qui se rapprochera du pair; néanmoins, pour écarter tout motif à controverse, n'admettons comme chiffre d'extinction que celui du taux d'intérêt intermédiaire entre le taux constitué et celui de négociation, savoir : 5 $\frac{714}{1000}$ pour o/o, résultat du rachat à 87 f. 5o cent. pour 5 fr. Ci :

5 $\frac{714}{1000}$ pour o/o

Taux de rachat de la valeur de l'emprunt.

87 fr. 5o cent. pour 5 fr.

Somme de libération.

140,000,000 fr.

Puissance de libération, fixée par le projet de loi.

1,200,000 fr.

Durée de la libération.

36 années 8 mois 8 jours.

Débours pour le service des arrérages et la puissance amortissante.

9,200,000 fr.

Somme de jouissances au moment de l'achèvement de la libération.

Les 120 millions de jouissance calculés pendant les 36 années 8 mois 8 jours, à l'intérêt de 5 $\frac{714}{1000}$ pour o/o (taux de l'intérêt du rachat, intermédiaire entre le taux constitué et le taux de négociation), donnent un chiffre de :

920,400,000 fr.

Somme des dépenses, à l'époque de l'achèvement de la libération.

Les 9,200,000 fr. de débours, se renouvellant tous les ans, calculés pendant 36 années 8 mois 8 jours, au même taux d'intérêt de 5 $\frac{714}{1000}$, donnent un chiffre de :

$$1,073,990,000 \text{ fr.}$$

Balance du compte actif et du compte passif.

Le résultat de la balance des deux comptes donne un chiffre de :

$$153,590,000 \text{ fr.}$$

C'est-à-dire 128 pour o/o de l'encáissement de l'emprunt.

En 1825, sous le ministère dit déplorable, la perte appliquée à une négociation de 120 millions sur rentes ne s'était élevée qu'à 41 pour o/o de l'encaissement de la négociation. Aujourd'hui, 1830, une opération devant procurer le même secours occasionerait une perte plus-que triple.

Si ce sujet de réflexion n'avait pas, par lui-même, tant de gravité, ce serait le cas de dire : « Toujours de plus fort en plus fort. Où nous nous arrêterons-nous? Faudrait-il voir renouveler ces vieux adages: Tant va la cruche à l'eau, qu'à la fin elle se vide; Au bout du trajet, près du fossé, la culbute? »

ARMAND SÉGUIN.